ULRICH HARDAM

Zwerge, Hexen und ein Riese

SAGENHAFTES AUS DEM HARZ FÜR KINDER NEU ERZÄHLT

ILLUSTRATIONEN VON CORNELIA FRECHE

14 Sagen aus dem Harz

01 Die Wunderblume vom Selketal — Seite 4
02 Die Teufelsmühle am Ramberg — Seite 10
03 Die Rosstrappe bei Thale — Seite 14
04 Die Burg Regenstein bei Blankenburg — Seite 22
05 Die Zwerge im Kreuzberg von Wernigerode — Seite 28
06 Der Riese Hans Tapps im Elendstal — Seite 34
07 Die Prinzessin Ilse auf dem Ilsestein — Seite 38
08 Der wilde Jäger von der Harzburg — Seite 42
09 Die Teufelsgrube im Rammelsberg bei Goslar — Seite 46
10 Der Pochknabe aus Lautenthal — Seite 52
11 Der silberne Tannenzapfen in Bad Grund — Seite 58
12 Die Osterjungfrau von Osterode — Seite 64
13 Der Venedigerstein bei Schierke — Seite 70
14 Die Walpurgisnacht auf dem Brocken — Seite 74

Die Wunderblume vom Selketal

Zur Zeit der Herrschaft des Grafengeschlechts der Falkensteiner gab es im Selketal ein Mädchen namens Maria. Sie wohnte mit ihrem Vater in einer halb verfallenen Hütte und lebte von dem, was Wald, Wiesen und ihre Ziegen hergaben. Maria war ein gutes und fleißiges Mädchen und außerdem von auffallender Schönheit

Eines Tages ritt Graf Bodo, der Jüngste der Falkensteiner, durch seine Wälder. Plötzlich entdeckte er das Mädchen beim Beerensammeln. Sofort entschloss er sich, die Schönheit auf seine Burg zu entführen. Aber Maria hatte den Grafen gesehen und merkte, dass der nichts Gutes im Sinn hatte. So schnell ihre Füße sie trugen, rannte sie davon. Doch der Graf konnte ihr folgen und sehen, dass das Mädchen in einer verfallenen Hütte verschwand.

Am folgenden Tag ritt er zu der Hütte. Hier rief er den Vater herbei. Der fragte höflich nach den Wünschen des Herrn Grafen. „Ihr habt eure Steuern noch nicht bezahlt", sagte der und lachte dabei höhnisch. „5 Taler, könnt Ihr es nicht, so hole ich Eure Tochter auf die Burg. Da kann sie mir dann dienen. Ich komme morgen wieder!" Dann gab er seinem Pferd die Sporen und ritt davon. Der Vater war tief erschrocken.

„Woher sollen wir das Geld nehmen?", fragte er seine Tochter. Doch Maria beruhigte den Vater: Sie wolle hinaus gehen, vielleicht fiel ihr dort an der frischen Luft etwas ein. Sie lief zu ihrer Lieblingswiese, die am Hang eines großen, schroffen Felsens lag. Traurig setzte sie sich hier auf einen alten Baumstamm. Wer sollte ihnen helfen und das geforderte Geld geben? Da füllten sich ihre Augen mit Tränen und die tropften auf die Wiese. Eine von den Tränen fiel auf eine der großen Wiesenblumen. Kaum hatte die Träne die Blüte berührt, begann diese in den schönsten Farben zu leuchten. Welch ein Wunder! So etwas Schönes hatte Maria noch nie zuvor gesehen. Ihre Hand griff nach der Blume und pflückte sie.

Da spürte sie aber ein Ziehen und Zerren in Hand und Arm. Die Blume wollte ihr wohl einen Weg weisen und so folgte Maria bereitwillig und schritt direkt auf den Felsen zu.

Dort neigte die Blume den Blütenkopf und berührte den Felsen. Plötzlich öffnete sich die Felswand und gab den Eingang zu einer großen Höhle frei. Das Mädchen erstarrte erst vor Schreck, doch mutig ging sie dann einige Schritte hinein. Sie stolperte über einen großen Stein und die Blume fiel ihr aus der Hand. Als sie die Blume wieder aufheben wollte, sah sie, dass der Boden mit goldenen Steinen bedeckt war. Schnell nahm sie ihr Tuch von den Schultern und füllte es mit den Steinen, nahm die Blume und verließ die Höhle. Auf der Wiese erst drehte sie sich nochmals um, aber die Höhle war verschwunden und der Felsen wieder geschlossen. Wären nicht die goldenen Steine in ihrem Tuch und die Blume in ihrer Hand gewesen, sie hätte an einen Traum gedacht.

Wie angedroht, kam am nächsten Tag der Graf. Der war entschlossen, das Mädchen mit sich zu nehmen und sei es mit Gewalt. Doch war er sehr verwundert, als Maria aus der Hütte trat und ihm die verlangten 5 Taler reichte. Zornig schlug er ihr das Geld aus der Hand. Er wollte das Mädchen! Doch Maria hielt ihm wie zum Schutz die Blume entgegen. Im gleichen Augenblick schoss aus der Blüte ein grell leuchtender Feuerschwall. Der Graf fasste sich schreiend an die Augen, doch es gab keine Hilfe. Die Blume hatte ihm die Augen verbrannt und ihn für alle Zeiten blind gemacht.

Sein Pferd kannte zu seinem Glück den Weg und brachte den blinden Grafen zurück zur Burg. Am Zaumzeug hing noch Marias Tuch, darin die 5 Taler. Die Blume aber pflanzte Maria in ihr kleines Gärtchen und pflegte sie mit viel Liebe, so dass sie jedes Jahr wieder blühte.
Im Tal aber war bald überall die Rede von der Wunderblume und keiner der Grafen wagte sich jemals wieder in die Nähe der Hütte.

Die Teufelsmühle am Ramberg

Im sonnigen Tal zu Füßen des Bückeberges beim heutigen Bad Suderode stand einmal eine Wassermühle. Der Müller versorgte mit seinem Mehl die umliegenden Siedlungen und hatte so für sich und seine Familie ein Auskommen. Eines Tages aber versiegten die Bäche und die Wassermühle stand still. Da litt die Familie große Not. Was sollten sie machen? Ratlos wanderte der Müller zur Höhe des Ramberg hinauf. Dort oben wehte ihm ein frischer Wind entgegen. Ohja, wenn er hier eine Windmühle stehen hätte, dann gäbe es keine Not mehr. Da trat plötzlich hinter einer mächtigen Fichte der Teufel hervor.

Hey, Müller, warum bist so traurig?, fragte die grausige Gestalt. Der Müller berichtete über seine Not und wie schön es doch wäre, hier oben eine Windmühle zu haben. Daraufhin schlug der Teufel ihm einen Handel vor. Er wolle sofort mit dem Bau einer solchen Windmühle beginnen und bis zum nächsten Morgen und dem ersten Hahnenschrei fertig sein. Dafür müsste ihm der Müller aber seine Seele verschreiben und für immer dienen. Der Müller überlegte nicht lange und willigte ein. Glücklich lief er nach Hause zurück und berichtete seiner Frau von dem Pakt, den er mit dem Teufel geschlossen hatte. Doch die Müllerin war tief erschrocken. Sollte sie ihren Mann an den Teufel verlieren? Das wollte sie nicht und sie entschloss sich, heimlich diesen Pakt rückgängig zu machen.

Als die Dunkelheit gekommen war und der Müller bereits fest schlief, machte sich die mutige Müllerin auf den Weg zur Höhe des Ramberges. Unheimliche Geräusche drangen zwischen den Fichten hindurch, wilde Tiere huschten hin und her und je näher sie dem Ramberg kam, umso lauter war ein dumpfes Poltern zu hören. Auf der Höhe konnte sie im klaren Mondlicht sehen, dass der Teufel bereits viele Steine zum Bau der Mühle zusammengetragen hatte, darunter auch einen flachen Felsen, der wohl als Mahlstein vorgesehen war.

Als der Teufel einen Augenblick verschwand, um neue Steine zu holen, packte die Müllerin unter Aufbietung aller ihrer Kräfte den Mahlstein und rollte ihn ins Tal hinab. Dann ging sie wieder nach Haus zurück. Kurz vor Tagesanbruch hatte der Teufel die Mühle fast fertiggestellt. Nun sollte zum Schluss der Mahlstein eingebaut werden. Doch der war verschwunden. Fluchend begab sich der Teufel auf die Suche und entdeckte den Stein im Tal. Er wuchtete sich den Stein auf die Schultern und stieg wütend den Berg hinauf. Doch kaum war er an der fast fertigen Mühle angekommen, da drang schon schwaches Tageslicht zwischen den Bäumen hindurch und im Tal krähte der erste Hahn.

Da wusste der Teufel, dass er den Bau der Mühle nicht vollenden konnte. Voller Wut schleuderte er den Mahlstein gegen die Wände, denn eine fast fertige Mühle wollte er dem Müller dann auch nicht überlassen. Mit lautem Getöse stürzte das Gebäude ein und dieses Donnern war bis ins Tal zu hören. Die Frau des Müllers erwachte davon und wusste nun, dass sie ihren Mann vor den bösen Absichten des Teufels gerettet hatte. Da die kleinen Bäche zur Wassermühle sich bald wieder mit Wasser füllten, konnte der Müller im Tal weiterarbeiten und seine Familie wieder ausreichend versorgen.

Die Rosstrappe bei Thale

Vor langer Zeit stand auf dem heutigen Rosstrappenberg über der Stadt Thale die Burg des mächtigen Harzkönigs Theodor. Der hatte einen Sohn, den Prinzen Bruno. Als der junge Mann so alt war, dass er die Königswürde übernehmen sollte, schickte ihn der Vater hinaus in die Welt, um sich eine Braut als künftige Königin zu suchen.

Der Prinz erreichte nach langer Reise im fernen Böhmerland das Schloss des Königs. Auch Brunhilde fand bald Gefallen an dem stattlichen Prinzen aus dem Harz und nach wenigen Wochen sprachen die zwei Verliebten bereits über ihre Hochzeit.

Prinz Bruno verließ daraufhin das Schloss, um bald mit seinem Hochzeitsgefolge aus dem Harz wieder zurückzukehren und bei dem böhmischen König um die Hand seiner Tochter zu bitten. Doch kaum war Prinz Bruno auf dem Weg in die Heimat, da kam ein weiterer Bewerber um die Hand der schönen Prinzessin Brunhilde auf das Schloss des Königs Stanislaus. Es war der Fürst Bodo, ein gewaltiger und furchteinflößender Mann, der sein Reich im hohen Norden hatte. Bodo war bekannt für seine wilden und grausamen Taten und Brunhilde wies seinen Heiratsantrag ab. Doch ihr Vater, der böhmische König, gab Bodo aus Angst um Leben und Gut die Einwilligung zur Hochzeit mit seiner Tochter.

Die Prinzessin war darüber sehr unglücklich. Es verblieb ihr nur noch eine Hoffnung: Wenn ihr Liebster, der Prinz Bruno aus dem Harz, schnell zurückkommen würde, könnten sie vielleicht gemeinsam aus dem Schloss fliehen und der Hochzeit mit dem Fürsten Bodo entgehen. Doch der von ihrem Vater bestimmte Hochzeitstag rückte immer näher und keine Nachricht kam von ihrem Liebsten.

Fürst Bodo hingegen versuchte währenddessen, die Liebe der Prinzessin mit immer neuen, wertvollen Geschenken zu gewinnen. Aus seinem Reich im Norden ließ er kostbare Gewänder und edlen Schmuck aus Gold und Silber heranschaffen und täglich überbrachte ein Bote fein gearbeitete Ringe mit Edelsteinen. Am Tag vor der Hochzeit schenkte Fürst Bodo Brunhilde auch noch ein hochgewachsenes weißes Ross. Als Brunhilde dieses Pferd sah, kam ihr wieder der Gedanke an eine Flucht.

Fürst Bodo saß in der Nacht vor der Hochzeit zusammen mit seinen Gefolgsleuten tief unten im Schlosskeller beim Wein und feierte die bevorstehende Heirat. Im Pferdestall aber zäumte Brunhilde das weiße Ross eilig auf. Sie schwang sich in den Sattel und wollte sogleich in Richtung Harzgebirge zu ihrem Liebsten davonreiten. Das Klappern der Hufe ihres Pferdes auf dem Schlosshof war jedoch bis in den Weinkeller zu hören. Fürst Bodo erkannte das Vorhaben der Prinzessin und bestieg sein riesiges schwarzes Ross. Es begann eine wilde Verfolgungsjagd durch das böhmische Land.

Im hellen Mondlicht konnte Bodo das Pferd mit der Prinzessin in der Ferne gut erkennen, doch so sehr er seinem Pferd auch die Sporen gab, es gelang ihm nicht, sie einzuholen.

Voller Verzweiflung und Angst stürmte Brunhilde auf ihrem Pferd in Richtung Harz. Sie sah bald die Berge in der Ferne und erreichte den Rand des Gebirges, ohne dass der Fürst Bodo ihr näher gekommen war. Steil wurde der Weg jetzt bis zum ersten Gipfel hinauf und schon bald ließen die Kräfte des weißen Rosses nach. Fürst Bodo hingegen kam nun immer näher. Sie hörte bereits sein triumphierendes Lachen und das Wiehern des riesigen schwarzen Pferdes.

Doch dann erreichte die Prinzessin die Anhöhe des Hexentanzplatzes. Hier aber scheute das weiße Ross und wollte keinen Schritt mehr weiter. Vor ihnen lag eine gewaltige Felsenschlucht, in deren Tiefe ein wilder Fluss alles durcheinanderwirbelte. Wieder ertönte ganz aus der Nähe das wilde Schnauben des schwarzen Pferdes und das wütende Gebrüll des Fürsten Bodo.

Auf der anderen Talseite aber konnte die Prinzessin bereits die Burg ihres geliebten Prinzen Bruno sehen. Brunhilde bat alle guten Geister des Harzgebirges um Hilfe und gab ihrem Ross die Sporen. Das Pferd setzte zu einem gewaltigen Sprung über das Tal an und schien fast wie ein Vogel über den Abgrund zu fliegen.

Sicher setzte es mit der Prinzessin auf dem gegenüberliegenden Felsen auf.
Dabei grub sich ein Huf so tief in den Stein, dass man ihn für immer sehen würde.
Beim Sprung verlor die Prinzessin zwar die kleine goldene Krone von ihrem Kopf,
aber dafür war sie kurz darauf in der Burg ihres Liebsten in Sicherheit.

Fürst Bodo jedoch wurde von seinem wilden Wahn getrieben und wagte ebenfalls den Sprung. Doch sein Pferd war bereits so geschwächt, dass die letzte Kraft nicht mehr ausreichte. Ohne die Hilfe der guten Geister stürzten Reiter und Pferd in den Abgrund und ertranken in den wirbelnden Fluten des Flusses.

Hier verwandelten die Flussgeister den Fürsten Bodo in einen riesigen schwarzen Hund, der von nun an die goldene Krone der Prinzessin Brunhilde bewachen musste.

Die Burg Regenstein bei Blankenburg

Es gab einmal einen berühmten Ritter namens Hatebold, der in so manchem Kampf erfolgreich an der Spitze seiner Untertanen stand und sie für ihre Treue auch reichlich entlohnte. Daher gelobten seine Männer, ihm als Dank eine Burg zu bauen, genau an der Stelle, die sich Hatebold aussuchen würde. Seine Wahl fiel auf eine Felsengruppe vor den steilen Harzbergen, den Regenstein.

Schnell begannen die Arbeiten an der Burg: Die Felsen wurden ausgehöhlt, es entstanden Hallen und Gemächer, Keller und Küchen, ein Brunnen und ein Burgverlies. Der einzige Zugangsweg wurde mit Wehrgraben und einem mächtigen Burgtor versehen. Als die Arbeiten beendet waren, fand auf der Burg ein großes Fest statt und Hatebold nannte sich fortan Graf von Regenstein.

Unweit der Burg Regenstein befand sich eine weitere Burg, die Heimburg. Dort lebte seit vielen Jahren ein Ritter, der es durch seine Tapferkeit im Kampf zu viel Ehre gebracht hatte. Die Familie des Ritters Hartmut war über die Jahre angewachsen, doch die erstgeborene Tochter war Hartmut die Liebste. Sie wurde eine wunderschöne junge Frau und bald fand sie einen jungen Ritter, der ihr über alle Maße gefiel und dem sie das Heiratsversprechen gab. Daraufhin schenkte der junge Ritter Arnulf ihr einen goldenen Ring mit einem Diamanten in der Mitte als Zeichen ihrer Verlobung.

Doch der Graf von Regenstein hatte auch von der Schönheit der jungen Frau gehört und lauerte ihr eines Tages im weiten Tal zwischen der Heimburg und der Burg Regenstein auf. Er war von ihrer Schönheit so überwältig, dass er sie auf der Stelle gefangen nahm und auf die Burg Regenstein entführte. Er gab ihr die herrlichsten Dinge zu essen und zu trinken, legte ihr die herrlichsten Kleider zu Füßen, reichte ihr unermesslich kostbaren Schmuck. Doch das alles half nichts: Die junge Frau wollte vom Grafen von Regenstein nichts wissen und schon gar nichts von einer Heirat hören. Sie war schließlich schon mit dem jungen Ritter Arnulf verlobt, den sie auch von ganzem Herzen liebte.

Wutentbrannt ließ der Graf die junge Frau schließlich in den Kerker werfen, damit sie dort zur Besinnung käme. So saß die Schöne nun auf dem Grund des tiefen Kerkerschachtes bei Wasser und Brot und konnte kaum Tag und Nacht unterscheiden, so dunkel war es hier unten. Wer sollte ihr hier heraushelfen? Ihr Vater, die Familie und der junge Ritter Arnulf auf der Heimburg wussten nicht einmal, wo sie gefangen gehalten wurde. Ihr zarter Köper und die kleinen Hände würden auch nicht genügen, um sich selbst zu befreien. Da fiel aber der Blick auf den Ring an ihrem Finger. Vielleicht konnte ihr ja der Diamant helfen?

In einer stürmischen Nacht bemerkte sie eine Stelle in der Wand des Kerkers, an der der Wind besonders stark zu hören war. Sie begann mit ihrem Ring an dem bröselnden Sandstein zu kratzen und wirklich, in kurzer Zeit hatte sie ein kleines Loch in die Wand geschabt.

Doch es dauerte noch fast ein Jahr, bis sie unbemerkt von den Kerkerwachen das Loch so groß hatte, dass sie hindurchkriechen konnte. Zu Ihrem Schreck sah sie jedoch unter sich eine steile Felsenwand, viele Meter waren es bis zum Boden. Doch sie fasste allen Mut zusammen und im ersten Tageslicht, als alle auf dem Regenstein noch schliefen, gelang ihr die Flucht über Felsvorsprünge und Scharten aus der Burg des Grafen. Wenig später fand sie auch einen Weg durch den Wald, der sie an der Regensteinmühle vorbei direkt zur Heimburg führte.

Ihre Familie hatte bereits alle Hoffnung aufgegeben, die Tochter jemals wiederzusehen. Umso größer war die Freude, die Tochter wieder in die Arme schließen zu können. Doch ihr Vater, der tapfere Ritter Hartmut, wurde sehr zornig, als er erfuhr, wer seine Tochter so lange eingesperrt hatte und wollte dafür Rache nehmen. Mit vielen Gefolgsleuten zog er zum Regenstein und belagerte die einzige Zufahrt. Niemand konnte mehr aus der Burg heraus oder in sie hinein. Nach zwei Wochen zogen die Belagerer aber wieder ab und gaben das Burgtor frei.

Das war die List, die sich der tapfere Ritter ausgedacht hatte. Denn sofort kamen die Burgbewohner des Grafen von Regenstein und wollten sich bei den vor der Burg lagernden Bauern und Viehzüchtern mit neuen Vorräten an Essen und Trinken ausstatten. Kaum bei den Bauern angekommen, ließen diese aber die Bauernkittel, Körbe und Säcke fallen und stürmten als Gefolgsleute des tapferen Ritters Hartmut durch das offene Burgtor auf den Burghof. Als der Graf von Regenstein sah, was passierte, ließ er sich von seinen Gehilfen in zwölf Betten einnähen und die steile Felswand an der Rückseite der Burg Regenstein hinabrollen. So kam der Graf lebend unten auf dem Boden an und konnte in den Wald fliehen.

Die schöne Tochter des mutigen Ritters Hartmut aber heiratete bald ihren Liebsten, den Ritter Arnulf und zog mit ihm auf die Burg Regenstein. Das war das Hochzeitsgeschenk des Vaters an das junge Paar und dort lebten sie zu seiner Freude dann viele Jahre glücklich und zufrieden.

Die Zwerge im Kreuzberg von Wernigerode

Vor langer Zeit gab es in den Harzer Bergen das Volk der Zwerge. Sie lebten in den Wäldern unter der Erde in Höhlen und Gängen. Am Tage spielten die Kinder der Zwerge oft mit den Menschenkindern am Waldesrand. Dabei vertauschten die Zwerge manchmal eines ihrer Kinder aus Spaß mit einem Menschenkind, das dem Zwergenkind sehr ähnlich sah.

Einige Zwerge hatten sich auch im Kreuzberg von Wernigerode eingerichtet. In der Nähe wohnte eine Familie mit einem kleinen Jungen. Das Kind spielte oft mit anderen Kindern am Waldesrand. Doch eines Abends stellte die Mutter fest, dass statt des eigenen Kindes ein Zwergenkind am Tisch saß. Die Ähnlichkeit mit ihrem Kind erstaunte sie.

Am nächsten Morgen ging die Mutter mit dem Zwergenkind an der Hand zum Waldrand am Kreuzberg und rief laut den Namen ihres eigenen Kindes in den Wald hinein. Kurz darauf schon teilte sich das dichte Gestrüpp zwischen den Bäumen und ein Zwerg mit großer Zipfelmütze kam mit dem kleinen Jungen heraus. Bereitwillig übergab er das Menschenkind an die Mutter und nahm sein Zwergenkind in die Arme.

Der kleine Junge erzählte auf dem Heimweg seiner Mutter von wunderbaren Dingen aus dem Zwergenreich unter der Erde. Die Zwerge würden dort nur von goldenen Tellern und mit silbernem Besteck essen. Die Mutter hörte ungläubig zu. Dann erzählte der kleine Junge weiter, dass der Zwerg ihn noch einmal für den nächsten Sonntag an den Waldrand bestellt habe.

Der Sonntag kam und der kleine Junge ging zum Waldrand. Laut rief er dort nach dem Zwerg. Wieder teilte sich das Gestrüpp und der Zwerg erschien. Erst schimpfte er mit dem Jungen, weil er der Mutter vom Zwergenreich erzählt hatte. Doch dann schenkte er ihm einen Beutel mit silbernen Talern. Wenn der Junge vom heutigen Tag an schweigen würde, sollte er jeden Morgen vor seiner Haustür einige solcher Taler finden. Der kleine Junge versprach das. Doch seine Mutter war sehr neugierig geworden und wollte gern wissen, woher die silbernen Taler vor der Haustür wohl kämen.

Sie versteckte sich eines Morgens und beobachtete, wie der Junge die Taler aufsammelte. Gerade als die Mutter ihr Kind zur Rede stellen wollte, bekam sie wie von Geisterhand einen heftigen Schlag auf die Nase. Die schwoll gleich gewaltig an und thronte bald wie eine Riesenkartoffel mitten in ihrem Gesicht. Die Mutter suchte viele Ärzte auf, doch keiner wusste Rat und konnte ihr helfen. So verging ein ganzes Jahr, ohne dass die Nase wieder kleiner wurde.

Als die Mutter die Hoffnung schon aufgegeben hatte, ging der kleine Junge eines Tages an den Waldrand des Kreuzberges und rief nach dem Zwerg. Es dauerte nicht lange, da erschien er und der Junge bat ihn um Hilfe für seine Mutter. Der Zwerg verschwand und kam kurz darauf mit einem Töpfchen zurück. Nimm diese heilkräftige Wundersalbe, sagte der Zwerg, sie wird deiner Mutter helfen. Kaum hatte der Junge damit die Nase seiner Mutter bestrichen, wurde die Nase kleiner und kleiner, bis sie endlich wieder ihre normale Größe erreicht hatte. Überglücklich nahm die Mutter den Sohn in den Arm und dankte ihm. Sie hatte in der langen Zeit zuvor bereits erkannt, dass ihre Neugier von den Zwergen bestraft worden war.

Der kleine Junge aber bekam weiterhin jeden Morgen einige Taler von den Zwergen. Er sammelte sie eifrig in einer kleinen Holzkiste unter seinem Bett und so wurde mit den Jahren aus ihm ein reicher Mann. Als Ritter errichtete er oberhalb des Kreuzberges eine Burg, die Harburg. Auf der Suche nach einer Gemahlin fand er eine wunderschöne Gräfin und bald schon stand ihre Hochzeit an. Zu diesem Fest und auch später zu anderen Feiern mit vielen Gästen bat er die Zwerge um Töpfe und Pfannen, Krüge und anderes Geschirr, das sie ihm ausreichend zur Verfügung stellten. Nach dem Fest erhielten die Zwerge alles wieder sauber geputzt zurück. Als Dank bekamen sie, was vom Festessen übrig geblieben war und noch andere Leckereien dazu. So lebten alle viele Jahre lang friedlich zusammen. Doch eines Tages wollten die Zwerge ihre Höhlen im Kreuzberg verlassen und in die Ferne ziehen. Sie holten alle ihre Schätze aus den Kammern im Berg und schenkten sie dem jungen Ritter von der Harburg. Seit diesem Abschied aber wurden nie wieder Zwerge am Kreuzberg in Wernigerode gesehen.

Der Riese Hans Tapps im Elendstal

Es ist schon sehr lange her, da lebte im Harz ein Riese namens Hans Tapps. Wenn er mit seinem gewaltigen Körper auf großen, klumpigen Füßen über die Berge und die Täler stapfte, verkrochen sich die Menschen angstvoll in schützenden Winkeln. Denn der Riese war bekannt dafür, dass er vor den kleinen Bergdörfern nicht Halt machte und ohne Rücksicht seinen Weg ging, auch wenn dabei mal ein Haus zerstört wurde. Doch eines Tages hatte sich Hans Tapps etwas in seine Fußsohle eingetreten. Mühsam konnte er sich gerade noch bis zum Tal der Bode zwischen Elend und Schierke schleppen. Dort kühlte er seinen schmerzenden Fuß im Wasser des Flusses. Doch die Schmerzen ließen nicht nach und der Riese musste immer wieder laut aufstöhnen, so heftig tat ihm der Fuß weh. Dies hörte ein kleiner Junge, der mit einem Körbchen im Tal auf der Suche nach Blaubeeren war. Neugierig schlich sich der Junge zwischen den Felsen hindurch zu der Stelle, wo der Riese saß und seinen Fuß im Wasser kühlte. Der Fuß war bereits mächtig angeschwollen und der Riese jammerte vor Schmerzen nun ohne Unterlass. Eilig lief der Junge nach Hause und bat seinen Vater, der sich in Heilkunde auskannte, dem Riesen zu helfen. Der Vater aber hatte Angst vor Hans Tapps, zu bekannt waren die unheilvollen Taten des Riesen. Doch der Junge ließ mit seiner Bitte nicht nach. So musste sich der Vater überwinden, nahm den Blaubeerkorb und stapfte los. Zuerst entdeckte der Vater nur den klumpigen Fuß im Wasser. Der lag dort wie ein Fels, die Zehen nach oben, wie kleine bemooste Granitblöcke. Zwischen Ferse und Zehen aber steckte ein langes sechskantiges Ding in der Fußsohle. Dies schien die Ursache der Schmerzen zu sein. Der Vater zog an dem Ding, um es zu entfernen. Doch da ertönte über ihm ein grässliches Gebrüll und die Hand des Riesen sauste knapp an dem Vater vorbei.

Als das Gebrüll wieder in ein leises Jammern übergegangen war, nahm der Vater einige Beeren aus dem Körbchen und zerquetschte sie zu Mus. Danach strich er vorsichtig das Beerenmus auf die entzündete Stelle der Fußsohle. Er wartete einige Minuten. Dann flüsterte er: Mit Hilfe aller guten Harzgeister – möge es gelingen! Wieder zog er an dem sechseckigen Ding, diesmal aber kräftiger als zuvor. Es gab einen kurzen Ruck, da hielt er das Ding in der Hand. Zu seinem Erstaunen stellte er fest, dass es sich um die Spitze eines Kirchturms handelte, die sich mit dem goldenen Kreuz im Fuß des Riesen verhakt hatte. Der Vater strich den Rest des Blaubeermus in die Wunde und legte dann mit Gras und mit Blättern aus Huflattich und Pestwurz einen Verband an. Da ertönte von oben die Stimme des Riesen: Ahhh, das tut gut... Hast Du mir geholfen, so helfe ich auch Dir. Doch der Vater hatte noch immer gehörigen Respekt vor dem Riesen.

Er nahm den Korb und ging eilig zurück nach Haus. Dort angekommen, stellte er fest, dass es in dem Blaubeerkorb jetzt golden schimmerte. Die Beeren hatten sich in kleine Goldstücke verwandelt. Da sagte der Vater zu dem Jungen: Das reicht für eine neue Kirchturmspitze und es bleibt immer noch genug für uns. Dem Jungen gefiel der Vorschlag und so bekam die Kirche im Elend eine neue Spitze auf den Turm. Den Riesen aber hat man seitdem in Elend nicht mehr gesehen.

Die Prinzessin Ilse auf dem Ilsestein

Vor vielen Jahren stand auf dem Ilsestein im Ilsetal eine große Burg. Sie gehörte dem König Ilsung. Hier wohnte auch seine wunderschöne Tochter Ilse. Jeden Tag kamen jungen Ritter durch das Ilsetal zur Burg, um beim König um die Hand der schönen Tochter zu bitten. Doch der König fand es noch nicht an der Zeit dazu und wies alle Bewerber ab. Unten im Ilsetal aber wohnte eine alte Hexe mit ihrer hässlichen Tochter Trute. Gar zu gern hätte die alte Hexe die Tochter mit einem der schönen Ritter verheiratet. Doch keiner schien sie auch nur zu beachten, wenn sie am Wegesrand stand und winkte.

Eines Tages aber schien das Glück mit ihnen zu sein. Kurz vor dem Dunkelwerden kam ein müder Ritter auf seinem Pferd daher und fragte die hässliche Trute nach dem Weg zur Burg des Königs Ilsung. Mit der Aussicht auf ein warmes Nachtlager lockte Trute den Ritter in das Haus der Hexen und gab ihm einen Zaubertrank. Kurze Zeit später sah der Ritter in der hässlichen Hexe die schönste Frau der Welt und verlobte sich mit ihr. Doch schon am nächsten Morgen entdeckte er, dass er betrogen wurde und er den Hexen in die Falle gegangen war. Heimlich verließ er das Haus und ritt auf seinem Pferd hinauf zur Burg des Königs Ilsung.

Doch er wusste, dass er als Ritter, der die schöne Prinzessin Ilse begehrte, nicht lange auf der Burg verweilen würde. Deshalb fragte er den König, ob er nicht einen Offizier für die Schlosswache benötige. Dem König gefiel dieses Ansinnen und der Ritter wurde Offizier auf der Burg. So begegnete er auch zum ersten Mal der schönen Prinzessin Ilse und sie fanden beide sehr viel Gefallen aneinander. Bald schon war von einer Hochzeit die Rede und die Vorbereitungen begannen. Unten im Tal aber wüteten die Hexen, als sie davon erfuhren. Sie mussten die Hochzeit verhindern. Da die Walpurgisnacht unmittelbar bevorstand, beschlossen sie, den großen Meister aller Hexen, den Teufel, um Beistand zu bitten. Es kam die Nacht heran, die Hexen ritten auf ihren einfachen Stubenbesen hinauf zum Brocken und begannen dort ihren wilden Tanz. In einer kurzen Pause baten sie den Teufel um Hilfe. Der lachte schauerlich über das böse Vorhaben der Hexen und schickte sie zurück ins Ilsetal.

Am Tag der Hochzeit kamen viele Gäste und Musikanten auf das Schloss. Es wurde ausgelassen gefeiert und getanzt. Doch als der Tag sich dem Ende zuneigte und die Glocken begannen, die Mitternachtsstunde einzuläuten, kam ein gewaltiges Grollen vom Brocken. Da sauste eine riesige Wasserflut heran und riss die gesamte Burg mit allem Hab und Gut und allen Gästen mit sich hinab ins Tal. Nichts blieb von der Burg übrig, nur ein kahler Felsen stand danach noch da. Obenauf aber saß die Prinzessin Ilse. Sie konnte sich aus den Wassermassen retten. Doch was nützte es ihr, denn auch ihr Liebster war mit der Burg verschwunden.
Bis heute sucht Prinzessin Ilse ihn unablässig und wer Glück hat, kann ihre Schönheit bewundern: In warmen Nächten soll die Prinzessin manchmal im klaren Wasser des Flusses unterhalb des Ilsesteins baden gehen. Doch wehe, der Neugierige wird entdeckt. Er kommt nicht mehr zurück nach Hause, sondern wird in einen großen unförmigen Stein verwandelt. Viele liegen am Ufer des Flusses unterhalb des Ilsesteins. Sie können nicht erzählen, wie sie dorthin gekommen sind.

Der Wilde Jäger von der Harzburg

Vor vielen Jahren wohnte auf der Harzburg, hoch oben auf dem Berg über Bad Harzburg, ein Oberjägermeister namens Hanns von Hackelberg. Er war so von seiner Jagdleidenschaft besessen, dass ihn nicht Sonn- und Feiertage davon abhalten konnten, sein Pferd zu satteln und dem Wild hinterher zu jagen. Eines Tages erhielt er den Auftrag, einen Jagdausflug vorzubereiten, an dem neben dem Herzog auch viele Gäste teilnehmen sollten. Für Hackelberg war das ein Vergnügen: Er bestellte Treiber, Jagdgehilfen und Hunde für den Tag. Doch in der Nacht vor dem Jagdereignis schlief Hackelberg sehr unruhig. Er träumte von einem riesigen Wildschwein, einem Keiler mit scharfen, langen Hauern, der ihn erst schwer verletzte und dann im dichten Wald verschwand. Schweißgebadet wachte Hackelberg am nächsten Morgen auf und dachte über seinen Traum nach.

War das vielleicht eine böse Vorahnung für die bevorstehende herzogliche Jagd? Doch Hackelberg ließ sich nicht beirren. Am Morgen traf sich die Jagdgesellschaft. Alle stiegen auf ihre Pferde und ritten hinaus in die Wälder. Bald schon hatten sie das nötige Jagdglück und einige Rehe, ein Hirsch und ein kleines Wildschwein waren erlegt. Der Herzog war zufrieden und es sollte wieder zurück zur Harzburg gehen. Hackelberg aber hatte noch nicht genug. Zu sehr war sein nächtlicher Traum im Kopf und der gewaltige Keiler vor seinen Augen. So trennte er sich von der Gesellschaft und ritt weiter, tief in den Wald hinein. Wenige Augenblicke später traf er auf eine ganze Herde von wilden Schweinen. Das größte Tier, ein Keiler, stellte sich ihm entgegen und griff den Jäger an, während die Herde die Flucht ergriff.

Das war ganz nach Hackelbergs Geschmack. Mit einem gezielten Wurf der Saufeder in die Flanke des Tieres und einem Stich mit seinem Jagdmesser erlegte er den Keiler, der nun mit pfeifendem Grunzen auf der Seite lag und den Jäger anschaute. Hackelberg trat näher heran und da kam es ihm so vor, als sei dies das Tier aus seinem nächtlichen Traum. Er wollte gerade mit seinem Stiefel gegen den Kopf des Wildschweines treten, da raffte der Keiler seine letzten Kräfte zusammen und versetzte dem Jäger mit seinen scharfen Hauern einen heftigen Hieb gegen den Fuß. Ein Hauer bohrte sich durch die Stiefelsohle hindurch und bald strömte das Blut aus seinem Stiefel heraus. Mit wildem Fluchen und unter starken Schmerzen stieg Hackelberg auf sein Pferd und ritt zur Harzburg zurück. Hier ließ er sich einen Verband anlegen. Doch das nützte nicht viel. Die Wunde entzündete sich bereits am nächsten Tag. Die Schmerzen wurden unerträglich und Hackelberg beschloss, in die Residenz des Herzogs zu reiten und sich dort vom Leibarzt des Herzogs behandeln zu lassen.

Doch er kam nur bis an die Oker bei Wülperode. Hier waren die Schmerzen und das Fieber so schlimm, dass Hackelberg sein Ende kommen sah. Die Bauern, die zu Hilfe geeilt waren, legten ihn auf den Erdboden und riefen den Pfarrer, damit Hackelberg in seinen letzten Stunden geistlichen Beistand bekam. Doch Hackelberg begann nur wild sein Schicksal zu verfluchen. Er stieß immer schlimmere Verwünschungen aus und rief dem Pfarrer zu, dass sein einziger Wunsch nach dem Tod eine ewige Jagd über die Berge und Wälder hinweg nach Reh, Hirsch und Wildschwein wäre. Betrübt wandte sich da der Pfarrer ab und murmelte nur:
So soll es denn sein! Wenig später lag Hanns von Hackelberg leblos am Boden und
die Bauern begruben ihn. Sie legten eine steinerne Grabplatte auf die Stelle.
Darauf war der Jäger mit zwei Hunden auf einer wilden Jagd abgebildet.
Und wie erzählt wird, findet diese Jagd bis heute kein Ende.

Die Teufelsgrube im Rammelsberg bei Goslar

Vor vielen Jahren wurde mitten im Winter der Jäger Ramm von seinem Herrn in den Wald geschickt, um dort Wild zu jagen. So ritt Ramm auf seinem Pferd durch den Schnee und verfolgte eine frische Wildspur. Er kam an einen hohen, steil ansteigenden Berg. Hier musste er sein Pferd an einen Baum anbinden, denn er konnte nur noch zu Fuß dem Wild folgen. Das Pferd aber wurde ungeduldig und scharrte mit den Vorderhufen im Schnee. Als der Jäger Ramm kurze Zeit später zurückkehrte, sah er, dass sein Pferd mit den Hufen Erde zur Seite gescharrt hatte und blinkendes Silbererz freilag. Er trug einige Erzbrocken zu seinem Herrn und der entlohnte den Jäger Ramm reichlich. Dazu wurde der hohe Berg fortan Rammelsberg genannt.

Es begann ein reger Bergbau, um die darin schlummernden Schätze zu heben. Bergleute aus dem Frankenland wurden gerufen und es entstand die Stadt Goslar in der Nähe des Berges. In einer der Gruben am Rammelsberg aber arbeitete ein junger Bergmann in einem Stollen an einer Erzwand, die so hart wie Diamant schien. So fest er auch mit dem Hammer zuschlug, er konnte nur sehr wenig Gestein lösen. Zu allem Unglück hatte der Bergmann auch noch einen strengen Steiger, der ihm drohte, ihn aus der Grube zu werfen, wenn er nicht mehr Erz herausbrechen würde.

Wieder und wieder schlug der Bergmann voll Verzweiflung auf die Erzwand ein, doch ohne Erfolg. Da riss ihm der Steiger ungeduldig den Hammer aus der Hand und begann selbst, auf die Wand einzuschlagen. Aber auch der Steiger vermochte nichts auszurichten und so warf er den Hammer auf den Boden und rief: Hier mag der Teufel vor Ort sitzen! Dann ging er mit dem jungen Bergmann zu einer anderen Grube, damit der dort weiterarbeiten sollte. Auf dem Weg dorthin, begegneten sie einem unbekannten Mann, der wie ein Bergmann gekleidet war. Der bot dem Steiger sofort seine Dienste an. Dem Steiger gefiel die hochgewachsene und kräftige Gestalt des Fremden. Sogleich dachte er auch an die harte Erzwand in der Grube und er schickte den fremden Bergmann zur Probe dorthin. Sollte der dort zeigen, was er konnte.

Nach geraumer Zeit wollte der Steiger dann schauen, wie weit der Fremde im Stollen gekommen war. Vor der harten Wand lag ein großer Haufen gebrochenes Gestein und der fremde Bergmann fragte sogleich, ob der Steiger denn mit dem Ergebnis zufrieden sei. Da wurde dem Steiger plötzlich ganz schwindlig. Er konnte nur noch nicken und verließ mit einem leisen „Glück Auf" schnell den Stollen. So ging das nun Tag für Tag. Mit schier unerschöpflicher Kraft förderte der fremde Bergmann dreimal so viel Erz zu Tage wie die anderen Bergleute.

Das ärgerte die Bergleute natürlich, jedoch wagten sie nicht, den fremden Bergmann anzugreifen und zur Rede zu stellen, denn er war ungleich größer und stärker als sie. Mit List und Tücke schoben sie ihm jedoch die schwersten Lasten beim Fortschaffen des Erzes zu und ließen ihn das Doppelte und Dreifache an Arbeit verrichten. Anfangs schien dem Fremden das nichts auszumachen, doch eines Tages beschwerte er sich darüber beim Steiger. Der wollte den unheimlichen Bergmann aber schon lange aus der Grube entfernen und so nahm er die anderen Bergleute in Schutz und nannte den Fremden einen Lügner.

Da riss der seine Arbeitskleidung vom Leib, warf sie dem Steiger vor die Füße und schrie: Du nennst mich einen Lügner? Da schau lieber auf dich und deine Leute, da findest du Lug und Trug genug! Der Steiger war bei diesen Worten zu Boden gefallen, denn nun sah er, wer vor ihm stand: Es war der Teufel, der seine Faust drohend erhoben hatte und mit dem Fuß auf den Boden stampfte. Immer wieder erschütterte er so den Stollen und die ganze Grube, bis diese mit gewaltigem Krach zusammenbrach und den ungerechten Steiger unter sich begrub. Dann verschwand der Teufel mit schallendem Gelächter und ließ nur einige entsetzt dreinschauende Bergleute vor einem großen Steinhaufen zurück. Dieser Ort heißt auch heute noch Teufelsgrube.

Der Pochknabe aus Lautenthal

Es gab einstmals in Lautenthal einen kleinen Jungen, der ohne Vater aufwuchs und mit seiner Mutter in einem armseligen Haus an der Hauptstraße wohnte. Obwohl er noch so jung war, musste er den ganzen Tag am Pochgerinne des Bergwerks stehen und mit rotgefrorenen Händen das taube Gestein aus dem Wasserlauf heraussuchen. Es blieb dem Jungen keine andere Wahl, denn Arbeit gab es wenig in Lautenthal. Er durfte in der Woche auch nicht zu Schule gehen. Nur am arbeitsfreien Sonnabend erhielt er in der Pochknaben-Schule etwas Unterricht im Schreiben und Rechnen.

Als er eines Tages wieder an der Rinne stand und auf das vom Wasser umströmte Gestein schaute, dachte der Junge: Warum nicht mal einen Fisch fangen und ihn am Abend frisch gebraten auf den Tisch stellen. Für Fleisch oder Wurst gab es sowieso kein Geld, nur altes Brot und Wasser standen meist vor dem Jungen, wenn er abends müde und hungrig nach Hause kam.

So wollte er dann nach Ende der Arbeit in dem nahegelegenen Fluss Innerste sein Glück beim Fischfang versuchen. Er suchte sich eine schöne Uferstelle aus und zog dort seine oft reparierten Schuhe und die löchrigen Strümpfe aus, legte alles sorgsam ins Gras und stieg barfuß in das kalte Wasser. Mit seinen schmalen Händen suchte er unter den Steinen und in Wurzelhöhlen nach Fischen.

Und wirklich, nach wenigen Versuchen hatte er einen schönen großen Fisch in den Händen. Er packte ihn hinter den Kiemen und schleuderte den Fisch an Land. Doch der Junge wollte noch mehr Fische und ging weiter flussaufwärts in seiner Suche. Wieder und wieder hatte er Glück, immer mehr Fische lagen am Ufer und sollten für eine gute Mahlzeit am Abend wohl ausreichen.

Der Junge war zufrieden, sammelte die Fische in seinen Tragesack ein und wollte am Ufer für den Weg nach Hause seine Strümpfe und Schuhe anziehen. Doch mit Schrecken sah der Junge, dass die verschwunden waren. Hatte sie ihm jemand gestohlen? Da hörte er in einem nahen Gebüsch ein Kichern und Jauchzen... Der Junge schlich leise an das Gebüsch heran und sah einen Zwerg mit großem Hut und gelbem Mantel, der sich gerade die gestopften Strümpfe und die löchrigen Schuhe anzog. Dabei kam er aus dem Lachen nicht heraus, denn sowohl Strümpfe als auch Schuhe waren natürlich viel zu groß.

Dann begann der Zwerg sogar einen Tanz mit den Schuhen, der aber alsbald damit endete, dass der Zwerg umfiel und im alten Laub der umstehenden Bäume landete. Doch das schien ihm nichts auszumachen. Im Gegenteil, er kicherte nur noch mehr. Da hatte der Pochknabe genug gesehen und machte sich bemerkbar:

Hey, rief er, das sind meine Schuhe und Strümpfe.
Zieh sie wieder aus. Ich will nach Hause gehen.

Doch der Zwerg lachte und rief: Ich will sie aber behalten, nimm meine Schuhe und Strümpfe dafür. Verkauf sie und es wird dein Schaden nicht sein…

Da sah der Junge, dass anstelle seiner alten Fußbekleidung im Gras die kleinen Schuhe und die Strümpfe des Zwerges lagen. Die Schuhe schienen ganz aus Kristallglas zu sein und waren an vielen Stellen mit reinem Gold belegt, das in der Abendsonne matt glänzte. Die winzigen Strümpfe aber waren aus reiner Seide, durchzogen von vielen goldenen Fäden und einer goldgeflochtenen Schnur mit Püscheln zum Schnüren.

Als der Pochknabe sich von diesem Anblick losriss und zum Gebüsch sah, war der Zwerg verschwunden. Der Junge überlegte nicht lange, nahm die Schuhe und die Strümpfe des Zwerges und ging langsam auf nackten Füßen nach Haus. Hier wartete schon seine Mutter auf ihn und freute sich sehr über die vielen Fische. Das würde ein Festmahl werden! Dann zeigte ihr der Junge auch noch die glänzenden Zwergenschuhe und die feinen Strümpfe. Wie staunte die Mutter darüber, denn so etwas hatte sie noch nie gesehen. Am nächsten Tag kamen viele Bewohner von Lautenthal, um sich die kostbare Fußbekleidung des Zwerges anzuschauen. Auch der Berghauptmann war dabei und schon bald erreichte die Nachricht von der seltsamen Begebenheit auch den Herzog von Braunschweig. Neugierig geworden stand der Herzog dann Tage später vor dem armseligen Haus der Familie und kaufte die Fußbekleidung für so viel Geld, dass die Mutter und der Junge ihr Leben lang nie wieder Not leiden mussten.

Der silberne Tannenzapfen in Bad Grund

Vor vielen Jahren gab es in Bad Grund einen Bergmann, der bereits viele Wochen krank in seiner Wohnung lag. Es war kein Geld mehr da für seine Familie, seine Frau und sieben Kinder hatten Hunger und längst den Lebensmut verloren. Da kam die Frau auf den Gedanken, in den Wald zu gehen und Tannenzapfen zu sammeln. Die wollte sie dann verkaufen und hätte etwas Geld für Brot. So machte sie sich auf den Weg. Dabei musste sie wieder an ihr schweres Schicksal denken und die Tränen flossen so sehr, dass sie sich an den Wegrand setzte und die Hände vor ihr Gesicht hielt. Sie wusste, dass von niemandem Hilfe zu erwarten war und wollte den Weg fortsetzen.

Doch als sie die Hände von ihrem Gesicht nahm, stand vor ihr ein kleines, altes Männchen mit grauem Bart. Es war ganz seltsam gekleidet und schaute sie aus braunen Augen an. Dann fragte das Männchen, was ihr denn fehle. Die Frau winkte ab und meinte, dass ihr niemand helfen könne. Das Männchen lächelte und sagte, dass man manchem nicht zutraue, was er könne. Die Frau fasste allen Mut zusammen und erzählte, dass ihr Mann schon lange krank sei und sieben Kinder ohne Brot wären. Sogar ihr kleines Haus hätten sie schon verkauft. Da würden sie bald ausziehen müssen, wenn sie nicht die Miete zahlten. Das Männchen mit dem grauen Bart hörte sich geduldig die Geschichte an und tröstete die Frau. Sie solle nicht verzagen, es würde schon alles gut ausgehen. Wenn sie aber prächtige Tannenzapfen suchte, müsste sie nur zum Hübichstein gehen.

Daraufhin verschwand das Männchen im Gebüsch am Wegesrand. Die Frau aber nahm die Kiepe und begab sich zum Hübichstein. Dort standen einige prächtige Tannen und plötzlich fielen von allen Seiten die Zapfen direkt in ihre Kiepe. Die Frau dachte schon, dass böse Buben aus ihren Verstecken die Zapfen aus Schabernack nach ihr werfen würden. Vielleicht hatte sogar auch das kleine Männchen einen Anteil daran und machte sich einen Spaß …

Vor Angst, dass ihr die Zapfen die Augen verletzen würden, nahm sie schnell die fast volle Kiepe und lief davon. Unterwegs kam es ihr vor, als würde die Kiepe auf ihrem Rücken immer schwerer und schwerer. So musste sie oft ausruhen. An ihrem Haus angekommen, ging sie in den Holzstall, um die Kiepe auszuschütten. Da fielen plötzlich silberglänzende Zapfen heraus. Sie griff danach und merkte, dass die Zapfen aus purem Silber und deshalb so schwer waren. Die Frau stand ganz starr vor Schreck, denn sie meinte, dass dies nicht mit rechten Dingen zugehen würde. Ob das kleine Männchen nicht vielleicht der Teufel war, der ihr einen Streich spielen wollte? Sie ging zu ihrem Mann in die Stube und berichtete von dem Geschehen. Genau beschrieb sie das kleine Männchen und zeigte dem Mann einen silbernen Tannenzapfen aus der Kiepe. Ob sie die Zapfen behalten dürften oder wäre das vielleicht Teufelswerk? Doch ihr Mann beruhigte sie: Das kleine Männchen wäre der Zwergenkönig Hübich gewesen. Der hätte schon oft anderen armen Leuten geholfen und die Zapfen wären ein Geschenk des Hübich für die Familie …

Doch die Frau fand die ganze Nacht keine Ruhe. Am nächsten Morgen ging sie in den Wald, um den Hübich noch einmal zu treffen und sich zu bedanken. Und wirklich, als sie an die Stelle am Wegesrand kam, stand der Hübich schon da. Er fragte, ob sie denn gestern noch schöne Tannenzapfen gefunden habe …

Dann lachte der Hübich auf und hielt ihr ein ganzes Bündel von Kräutern hin. Davon solle sie ihrem Mann einen Tee kochen, damit er wieder gesund würde. Die Frau nahm die Kräuter und da war der Zwergenkönig auch schon verschwunden. Zu Hause kochte die Frau aus den Kräutern eine Kanne Tee und gab ihrem Mann zu trinken. Bereits am nächsten Tag konnte er wieder aufstehen und war völlig gesund und munter. Die silbernen Tannenzapfen verkauften sie nach und nach und so bekamen sie auch ihr Haus wieder zurück. Sie litten fortan keine Not mehr, denn der Mann fand schnell wieder eine Arbeit in einer Erzgrube. Einen Tannenzapfen aus Silber aber behielten sie für sich und stellten ihn als Andenken an den Hübich in ein Regal in ihre Wohnstube.

Die Osterjungfrau von Osterode

In Osterode gab es einstmals ein großes Schloss. Hier wohnten die Herren von Osterode. Als der letzte Herr starb, hinterließ er eine wunderschöne Tochter. Eines Tages aber kam ein Ritter namens Gerhard von Harzburg und wollte sie heiraten. Doch die schöne Jungfrau wies ihn ab, denn Gerhard galt als sehr hartherzig. Da wurde der Ritter sehr böse und er beschloss, die Burg mit ihren Bewohnern zu vernichten. Er zog mit seiner Gefolgschaft nach Osterode, nahm die Burg ein und zerstörte alle Gebäude bis auf die Grundmauern.

In einem Kellerraum fand er schließlich die schöne Jungfrau. Er stieß die schrecklichsten Verwünschungen aus: Da sie seine Liebe nicht gewollt hatte, sollte sie fortan als gräulicher Hund unter dieser Burg hausen. Nur einmal im Jahr, zu Ostern, sollte es ihr vergönnt sein, sich in ihrer menschlichen Gestalt unter die Menschen zu begeben.

Von da an konnte man mit etwas Glück die schöne Jungfrau bei Sonnenaufgang am Ostersonntag im schneeweißen Gewand beobachten, wenn sie zum nahegelegenen Lerbach ging, um dort zu baden.

Jahre später trug an einem Ostersamstag ein junger Leinenweber eine Rolle frischen Tuches nach Clausthal. Mit dem Lohn für seine Arbeit wollte er dann das Osterfest feiern. Der Weg war weit und in Clausthal wurde es schnell dunkel. In der Nacht den Weg zurück durch den finsteren Wald zu gehen, schien dem Leinenweber zu gefährlich. So übernachtete er in einem Gasthof.

Im Morgengrauen machte er sich auf den Weg zurück. Er hatte Osterode gerade erreicht, da stand plötzlich die Jungfrau im weißen Gewand vor ihm. Verwirrt fragte der Leinenweber, was sie denn so früh am Morgen hier mache. Die Jungfrau lachte und sagte: Das mache ich jedes Jahr am Ostersonntag, ich bade im Lerbach und davon bleibe ich ewig schön und jung.

An der Brust aber trug die Schöne eine frischgepflückte wunderschöne Lilie. Das wunderte den Weber und er sagte: Und einen warmen Garten müsst ihr auch haben, dass dort jetzt schon so wunderbare Lilien wachsen. Die Jungfrau lachte wieder und bat den Weber, mit ihr zu kommen. Da würde sie ihm den Garten zeigen und wenn er wolle, könne er eine Lilie mit nach Hause nehmen.

Schließlich standen sie in den Trümmern der zerstörten Burg an einer eisernen Tür. Daneben, auf einem kleinen grünen Fleck, standen drei blühende Lilien. Die Jungfrau pflückte eine davon und überreichte sie dem Weber.

Der verneigte sich dankbar, doch als er wieder aufsah, waren die Jungfrau und das eiserne Tor verschwunden. So blieb ihm nichts anderes, als nach Hause zu gehen. Dort legte er den Lohn aus dem Verkauf des Tuches auf den Tisch. Die Lilie aber hatte er sich an seinen Hut gesteckt und als er den jetzt abnahm, schimmerte die Lilie wie von Silber und Gold.

Seine Frau fragte, woher er denn die Lilie hätte und er erzählte von seiner Begegnung. Die Frau des Leinenwebers hatte von der Jungfrau schon gehört und rief: Das war die Osterjungfrau. Du bist genau zur richtigen Zeit des Weges gekommen und hast sie getroffen.

Nach dem Osterfest ging der Leinenweber zu einem Goldschmied und zeigte dem die Lilie. Der staunte über die Pracht aus feinstem Silber und Gold. Doch kaufen würde die Lilie in Osterode wohl keiner, dazu war sie zu kostbar. Bald sprach sich die Geschichte herum und der Bürgermeister der Stadt ließ den Leinenweber kommen, um selbst die Lilie zu begutachten.

Hilfesuchend wandte man sich schließlich an den Herzog, um ihm den Kauf anzutragen. Mit einem Schreiben der Ratsherren von Osterode reiste der Leinenweber zum Herzog und wurde sich mit ihm einig. Im Tausch gegen die Lilie würde der Herzog ihm und seinen Kindern lebenslang ein angemessenes Jahresgeld zahlen, mit dem die Familie des Leinenwebers sorgenfrei leben könnte.

Seither trug die Herzogin die Lilie an besonderen Feiertagen an ihrem Festkleid. Der Herzog aber nahm die Lilie in sein Wappen auf und so blieb die Osterjungfrau für immer in der Erinnerung.

Der Venedigerstein bei Schierke

Vor vielen Jahren tauchten im Harz und auch in Schierke fremde Menschen in Mönchskutten auf, aus denen nur das braungebrannte schmale Gesicht herausschaute. Man nannte sie Venediger, denn es wurde bald bekannt, dass diese Fremden aus der Stadt Venedig in den Harz gekommen waren. Hier hofften sie, Gestein und Lehm zum Färben der kostbaren Glaswaren zu finden, die sie im fernen Italien herstellten.

So geschah es, dass einmal ein armer Holzfäller bei der Arbeit oberhalb von Schierke auf drei Venediger traf. Die baten ihn, sie in das Schuppental zu führen, in dem es eine Klippe aus Granit geben würde. Hätten sie den Ort gefunden, würden sie ihn reich entlohnen. Der Holzfäller war einverstanden und führte sie zum Schuppental.

Als sie an den Steinen angekommen waren, holte einer der Venediger aus seinem Umhang eine Rute und schlug dreimal gegen den größten Stein. Der teilte sich plötzlich in zwei Hälften und dazwischen zeigte sich braune Erde. Die Venediger schaufelten diese Erde in ihre Tragesäcke, bis nichts mehr hineinging. Dann markierten sie den Stein mit einem seltsamen Zeichen und verschlossen den Stein wieder mit ihrer Rute.

Ein Venediger holte schließlich eine silberne Flöte aus seinem Umhang und spielte darauf seltsame Melodien. Kurz darauf trat in die Lichtung ein riesiger Hirsch. Der Holzfäller bekam einen großen Schreck, doch ehe er sich versah, sauste die Rute des Venedigers wieder durch die Luft und der Hirsch lag tot auf einem Granitstein.

Wenig später hatten die Venediger ein Feuer entfacht und brieten darüber die Keulen des Hirsches. Sie luden den Holzfäller zum Essen ein und als sie satt waren, verabschiedeten sie sich. Der Holzfäller aber war vom Essen und der Aufregung so müde geworden, dass er an Ort und Stelle einschlief.

Als er erwachte, war es bereits früher Morgen. Zu seiner Verwunderung lag auf dem Stein neben ihm ein Hirschgeweih ganz aus Silber. Der Holzfäller nahm das Geweih und trug es ins Dorf, wo er das Geweih gut verkaufen konnte. Lange Jahre ernährte der Holzfäller von diesem Erlös seine Familie und erzählte jedem, der es hören wollte, von seiner Begegnung mit den Venedigern.

Die Walpurgisnacht auf dem Brocken

Es gab einmal in Schierke am Brocken einen jungen Knecht, der schon viel über die geheimnisvollen Geschehnisse in der Walpurgisnacht gehört hatte. Sein Wunsch war es, zu sehen, wie die Hexen zur Mitternacht auf den Brocken hinauffliegen würden. Der junge Knecht hatte auch erfahren, wie man sich vor den Hexen verstecken konnte: Man sollte zwei Eggen mit den Zinken nach oben wie ein Zelt auf die Mitte einer Wegkreuzung stellen und schon würde man das Hexentreiben gefahrlos beobachten können.

So zog der junge Knecht nach dem Dunkelwerden hinaus in die Walpurgisnacht, die zwei Eggen auf seinem Rücken. Auf der Mitte einer Wegkreuzung baute er die Eggen auf und versteckte sich darunter, um auf die vorbeisausenden Hexen zu warten. Kurz vor Mitternacht war es dann soweit: Mit lautem Gekreisch und Sturmgebraus kündigte sich ein ganzer Schwarm von Hexen an. Zum Glück war der Mond aufgegangen und so konnte der Knecht die fliegenden Hexen genau beobachten.

Auf Besen und Mistgabeln schwebten sie bald über ihn hinweg und in Richtung Brocken davon. Die letzte Hexe aber ritt auf einem alten Auerhahn. Doch plötzlich ließ sie den Hahn fallen und flog auf den Knecht zu. Der hatte nicht aufgepasst und einen Zipfel seines Mantels aus dem Eggenzelt herausschauen lassen.

Da packte die Hexe den Zipfel und ehe der Knecht sich versah, saß sie schon auf seinem Rücken und sauste mit ihm den anderen Hexen hinterher. Nach kurzem Flug waren sie auf dem Brockengipfel angekommen und die Hexe ließ den Knecht aus großer Höhe hart auf den felsigen Untergrund fallen. Da taten ihm alle Knochen weh. Als er aufsah, glaubte er, seinen Augen nicht zu trauen: Unweit von ihm brannte zwischen großen Felsen ein riesiges Feuer und viele Hexen tanzten in einem großen Kreis mit wildem Gekreisch um das Feuer herum. Plötzlich ertönte ein gewaltiger Donner, es blitzte und Rauch stieg auf. Als der sich verzogen hatte, erschien auf dem größten Felsen ein grausig anzuschauender schwarzer Mann mit wildem Gesicht.

Im selben Augenblick verstummte das Hexengekreisch:
Vor den Hexen stand ihr aller Herr und Meister, der Teufel.

Da bin ich wieder, liebe Schwestern!, begrüßte er mit knarrender Stimme die Hexen.
Und nun lasst hören, was ihr im letzten Jahr an bösen Dingen vollbracht habt!

Der Knecht glaubte, seinen Ohren nicht zu trauen: Eine Hexe nach der anderen erzählte von ihren Schandtaten, von gestohlenen Schweinen, von angezündeten Häusern streitsüchtiger Nachbarn und auch von Kindern, die beim Beerensammeln in finstere Moorlöcher gestoßen wurden.

Zum Schluss berichtete eine Hexe, sie hätte sich auf dem Weg zum Brocken einen neugierigen Knecht geschnappt, der jetzt in der Nähe zwischen den Steinen liegen würde. Dem Knecht fuhr der Schreck in alle Glieder. Ehe er sich versah, hatte ihn der Teufel am Kragen gepackt und kräftig durchgeschüttelt. Versprich mir, dass du keinem Menschen jemals etwas davon erzählst, was du hier erlebt hast! Oder möchtest du lieber im heißen Öl schmoren? Das wollte der Knecht natürlich nicht und versprach ein lebenslanges Schweigen. Der Teufel ließ den Knecht fallen und bestieg wieder den großen Felsen. Von dort rief er mit donnernder Stimme: Und nun, liebe Schwestern, lasst uns feiern bis zum Morgengrauen...

So erlebte der Knecht eine wilde Walpurgisfeier auf dem Brockengipfel. Der Teufel stand mit seinen Gehilfen auf einem Felsen und dirigierte das Treiben der Hexen rund um die Kanzel. Aus dem Hexenbrunnen wurde berauschendes Wasser geschöpft. Allerlei am Feuer gebratenes Zeug gab es zu essen. Und die Hexen tanzten wie wild auf ihren Besen. Dabei fegten die Tänzerinnen immer wieder den letzten Schnee vom Gipfel, weit hinein in die umliegenden Wälder. So war am Ende das ganze Plateau des Berges vom Schnee befreit. Doch kaum erschien im Osten das erste Licht des neuen Tages, verstummte die Musik. Der Teufel verabschiedete sich bis zum nächsten Jahr und alle Hexen bestiegen wieder ihre Fluggeräte. Auch der arme Knecht wurde gepackt und musste mit einer Hexe zurück ins Tal fliegen. Tagelang wagte der Knecht es nicht, auch nur einem Menschen von seinen Erlebnissen auf dem Brocken zu berichten. Eines Abends aber saß er allein im Haus auf der warmen Ofenbank. Da erzählte er seine Geschichte in die Ofenklappe hinein. Auf der anderen Seite des Ofens war aber gerade die Frau des Hofbesitzers am Heizen und hörte so alles mit an. Bald machte die Geschichte im Dorf die Runde, so wie andere Erzählungen über die Walpurgisnacht schon zuvor. Tage später aber stand plötzlich eine alte Frau neben dem Knecht und sagte: Sei froh, dass du deine Erlebnisse nur dem Ofen erzählt hast! Ansonsten würdest du jetzt im heißen Öl schmoren...

Danke an Claudia Schicker für die Durchsicht des Textes.

© Spelhus Verlag Wernigerode
www.spelhus.de

1. AUFLAGE 2022

HERAUSGEBER / TEXT / KONZEPT
Ulrich Hardam, SPELHUS VERLAG Wernigerode

ILLUSTRATIONEN
TRIAS-ANIMATION Cornelia Freche

LAYOUT / REPRO
Manja Kühn

DRUCK / BINDUNG
Grafisches Centrum Cuno GmbH & Co.KG Calbe